Stig Colbjørn Nielsen

ʊ

# Mellemrum

## Mellem Himmel og Jord

i digte, billeddigte, kortprosa & bøn

Jordhøj Smedje
Slangerup

2011

1

© 2011– Stig Colbjørn Nielsen
Forlag: Books on Demand GmbH, København, Danmark
Fremstilling: Books on Demand GmbH, Norderstedt, Tyskland
Bogen er fremstillet efter on-Demand-proces

ISBN 978-87-7114-348-5

**Stig Colbjørn Nielsen**

### Skønlitteratur:
"Øjeblikkenes Melodi – Livets digte i ord og billeder", 2011
"Hov – vent et øjeblik!" Antologi - lyrik og kortprosa, DigteDK.com, 2011
"DigteDK.com" - her er udgivet et større antal enkeltstående digte
"Relationer – Fragmenterede fortællinger i digt", 2010

### Faglitteratur i udvalg:
"Den Ny Kongerække", 2009
"Danmarkshistorien i Slangerup", 2008
Om turismens historie i Nordsjælland i: "Nordsjællandske Sommerglæder", 2005
Om Amiral Andreas du Plessis de Richelieu i: "FAHS Årbog 2003"
"Quintorp/Kvinderup – en landsby", 1976
"Senmiddelalderlige Købstadsforhold", 1972

### Foredrag, forelæsningsrækker og storytelling i udvalg:
"Trolde, nisser & folkesagn før, nu og altid"
"Vikinger – Asatro, magt & kristendom"
"Danmark før Danmark"
"Kongernes Nordsjælland før og nu"
"Kulturgrammatik i ledelse ude og hjemme"
"Storytelling som ledelsesværktøj"

### Med forfatteren som fortællende guide på rejse til:
Roma eller Sicilien,
Skåne eller Norge

# Forord

Hvordan i alverden finder man dog på at skrive nogle af sine inderste tanker omkring livet, eksistensen og Gud ned midt i en travl hverdag? Jeg bliver svar skyldig, for jeg ved det ikke. Bogen her er ikke noget, jeg har planlagt. Tankerne er kommet helt af sig selv. De er somme tider dukket op også på de mest upraktiske tider og i situationer, hvor jeg har været optaget af alt muligt andet.

Mønstret gentog sig, og da jeg ikke bare sådan lige kunne smide mine egne tanker væk, begyndte jeg at skrive nogle af dem ned. Så blev de da i det mindste fastholdt i erindringen til et muligt senere brug. Tiden gik, og en dag skulle den gamle computer på pension. Der skulle ryddes op og flyttes mapper og ses igennem og så videre. Hvad skulle jeg stille op med rodemappen fuld af strøtanker, fragmenter, digte og bønner? Jeg var nok mest tilbøjelig til at slette mappen; men en pludselig indskydelse fik mig til at afprøve et par af digtene i et af Internettets forfatterfora.

Stor var min overraskelse over den nærmest overvældende reaktion. Jeg måtte i gang med at skrive flere. Rent praktisk, så har samtlige tekster her i bogen efterfølgende nået både blive anvendt af konfirmander, minikonfirmander, ved udflugter, ved kirkebesøg og ved masser af foredrag og oplæg. Med andre ord, der er reelt tale om en række tekster, digte og bønner fra praktisk brug helt "nede på gulvet" i kirkelig sammenhæng. Der er bestemt ikke tale om stor kunst; men om digte, tekster og bønner, der åbenbart fungerer.

Nu har jeg så valgt ud og samlet et lille udvalg i bogen her. Jeg håber, du som læser, får glæde af den. God fornøjelse!

### Stig Colbjørn Nielsen

"Jordhøj Smedje
31. august, 2011

# Der brænder en ild

## Den første bøn:

"Gud, min Gud! Hør på mig, tro på mig, jeg vil alt det bedste for mine børn, min familie, mine venner, kolleger, medarbejdere, ja, jeg vil, at Verden skal være et godt sted at være. Giv mig styrke, så jeg kan blive ved, for det er jo det, jeg så gerne vil!"

### *Trosbekendelse.*

Der er noget bag bjergene,
på den anden side dalene –

Bag blomsterne og sangene;

der er noget bag stjernerne,
på den anden side tiderne –

Bag livet, bag hjerterne;

der er noget bag kærligheden,
på den anden side følelserne –

Bag storhed, bag ydmyghed;

- kald det tro,
- kald det ånd,
- kald det Gud,
- kald det blot,
- hvad du vil –
- hvis du ser!

Vælg fra eller til,
- i åbenhed,
- i fortrolighed,
- i vished –

Vælg du dit,
som jeg vælger mit;
men vælg!

## Eksistens?

Nu, bare nu;
- *Hvornår begynder nu?*
- *Hvornår slutter før?*
- *Hvornår slutter nu?*
- *Hvornår begynder det,
  der efterfølger nu?*

Er nu blot førfremtid
som i grammatik?
Er nu måske det,
der kommer efter før?

Hvor længe varer nu?
Er der plads i nu
til eksistensen
til livetlivet?

Hvad med tiden?
Den tid, der er gået,
er borte, suget op
af før eller det,
der er værre.

Den tid, der ikke er gået
er det i virkeligheden
konstitueret fremtid?
Fremtiden er her ikke,
 - eller er den?

Øjeblikket?
Vi er her lige nu,
livgivende konkrete
øjeblikke
er her netop nu.

Hvorfor skal de være
så blå, så svære
at fange og forstå?

Hvis nu de er brudzonen
mellem før og om lidt,
er vi så kun i kraft af tanker
vi tænker?
Hvis tanker?
vore egne eller Guds?

- *Er vi tankerne?*
- *Er tankerne os?*
- *Er vi den femte dimension*
  *uden at forstå det?*

Hvordan vi sådan kan være
uden også at være ved det,
forstår jeg ikke.

Tid er et relativ
udtænkt af os
et praktisk paradoks:

Rejser vi den ene vej,
  vinder vi i tid;
  uden dog
  at få et længere liv –

Rejser vi den anden vej,
  taber vi i tid:
  uden dog
  at forkorte vort liv.

Hvordan kan eksistensen
finde fylde nok i det nu,
som alene består
af menneskenes
selvskabte relative tid?

Livet er nu,
livet er ikke
udenfor nu
og øjeblikket.

Hvis ikke
ville livet blande
de uforenelige
fortid og fremtid –

Er det alligevel det,
der giver os livet?

Er Guds gave til os
blot sprækken
mellem fortid og fremtid?

Er Guds gave den opgave,
vi har med at transformere
før til om lidt?

Er Guds gave en før fremtid,
som forvandles gennem os
til konjunktivisk futurum?

Er Guds gave et betroet talent
en pligt til at udfolde
leve og forvalte nu
på vegne af Gud?

Alternativt set råder
kaos og tilfældigheder
helt uden relationer;
et urealistisk vilkår
vel sagtens?

*Vinter brydes ned Dorthea, Guds gave*

## Den anden bøn:

*"Lige nu tvivler jeg på Dig, på mig selv, ja, på om det i det hele taget nytter? - Få mig til at se en vej, så jeg ved, det fortsat nytter, det jeg gør. Tak!"*

## Mit Bethania.

Undertiden
undervejs
jeg forsøger
øse kærlighed
uegennyttigt
ud over nogen,
som måske ikke
evner eller vil
tage imod
mit hjertes
gyldne gave.

Du mener,
jeg bortøder
min kosteligste
nardusolie
i skammeligt
sanseligt spild.
Døm i uvidenhed.
Min ødselhed
er min egen.
Intet kan ændre,
intet skal ændre,
mit livs essens:

I glæde give,
i glæde yde,
hvad jeg har:
Ikke gods,
ikke guld;
kærlighedens
gave til dig,
fordi jeg kan,
fordi jeg vil.
Om lidt måske
er det for sent.
Kun du kan vide
netop det -

13

## Mellem før og efter.

Mellem før og efter
levnes ingen plads –
Uden plads mellem
før og efter,
findes hverken
før eller efter,
som er ganske
overflødige,
intet er,
intet kan være.

Da Gud indsatte
sit simple nu
som dette øjeblik,
opstod spontant
den hele Verden –
Guds Verden
er rækken af
sammenhængende
øjeblikke –

Derfor er Guds Verden
ingen steder
og alle steder
på en og samme tid

menneskenes gyldne
Gudgivne lod er enkelt:
Fyld nuet med øjeblikke
skab øjeblikkene
med den værdighed,
der er Guds værk
værdigt!

Sådanne dage
lykkes
hver dag –

*Lysets varme*
*Kuldens magt*
*Vinterblues*

### Tanker om tanker.

Tanker er som troldmænd,
de rummer kræfter,
som intet andet
og som andre ikke kender.

Tanker er som tryllestavene,
man skjult eller åbenlyst
kan svinge over alt
og alle og sig selv med.

Tanker kan styre
skæbnens og livets gang,
hvis man tør forsøge
at bruge tankernes kraft,

tanker rummer en verden
af historie, myter, sagn,
dine egne beretninger
den grænseløse del af livet.

Tanker kan være onde
eller gode og trygge.
de kan rejse hvorhen,
du vil eller ikke vil.

Tanker kan ændre form,
de kan uventet få nyt
indhold og ny betydning,
kommunikere med det ukendte.

Tanker er drømmene,
håbene, de impulsive
lyster, behov, følelserne
sanseoplevelser ad libitum.

Tanker er menneskenes
transcendens og særkende
permanent perception
fundament for relationer.

Tanker er forbindelserne
indad og udad til eksistensen
til selveste livets kerne
relationen til Himlens Gud.

### Samvittighedens gave.

Uafvendeligt kommer tidspunktet,
hvor vi mennesker må give op
give slip på det, vi troede kunne
det vi skulle, det vi burde –

Tidens trend er besnærende,
vi kan, hvad vil,
vi kan forandre, hvad vi vil,
såfremt vi vil det stærkt,
konsekvent og fuldstændigt –

Når det uigenkaldelige tidspunkt,
hvor erkendelsen af det modsatte
endegyldigt viser står foran os,
møder vi det, som var det grusomt,
kompliceret og nærmest ufatteligt;

den fuldstændige fiasko tegner sig,
vi står alene og uden de andre,
deres interesse, deres opbakning,
vi har svigtet deres forventninger.

Vi var bare ikke gode nok,
det vi gjorde, det vi ønskede,
det vi troede, det vi ville,
intet af det gjorde vi godt nok.
vi sidder ensomme med skylden.

Det er uforståeligt, utroligt,;
ufatteligt enkelt, ukompliceret.
det er lettelse, erkendelse,
accept på givne præmisser,
vi må give op, lade stå til.

Der er ting i livet, vi ikke forstår,
der er sammenhænge i Verden,
vi ikke kan se, vi ikke behøver at se,
så længe vi blot efter evne
forsøger at opføre os ordentligt.

Ordentligt overfor mennesker,
overfor livet. Verden,
overlad det store, uforståelige
til Gud, gør det med respekt,
tag ansvaret med omtanke,
samvittigheden, den kosteligste gave.

*Fanden hytter sine*

## *Sensommerreflektioner.*

Våde gule kornmarker tunge af væde og landbrugsordninger, drivende skyer i størrelser farver og faconer og højder, der burde sikre menneskenes uendelige ydmyghed overfor Gud.

Engle eller lyn med dominerende lyde skaber nye dybder i det bølgende og dybgrønne sensommerlandskab med de overfede grågæs, fortravlede mursejlere og arrige udflyttere bag skilte med adgang forbudt for uvedkommende. hvem disse uvedkommende så ellers måtte være? Hvem er de vedkommende? Hvem vedkommer de?

Regnen vasker jordvejene af bilen med en øredøvende musik og urtids rytme. En overvældende duft slår ind gennem det åbne vindue. Øjeblikkets intensitet stiger til et uforglemmeligt crescendo da Thor og hans gedebukke med ét gungrer forbi deroppe foran Skt. Peters lukkede perleporte –

Jeg ville egentlig godt vide, hvad budskabet bag dette måtte være til mig og andre i sensommerregnen ved de bugnende markers rigdomme?

De grænseløse muligheder for fortolkning kan godt være unødigt anstrengende kan ligefrem skabe bekymring i et sind, der ellers gerne vil den smukke ro blå som grøftekanternes vilde cikorie.

## Den tredje bøn:

*"Tilgiv mig min utilgivelighed, så jeg med ærligt hjerte selv kan tilgive og bære håbet videre!"*

## Sjælepleje.

Relationer,
sjæles næring,
tankers moder.
Vi burde sådan set
en gang imellem
synge verden ud.
Det går bare ofte
alt for langsomt,
alt for sent
op for en –

Det går også ofte
alt for langsomt,
alt for sent
op for ens fornuft,
når sjælen rører på sig.
Måske det er fordi,
det er så længe siden,
sjælen sidste gang
lod høre fra sig?

Eller måske fordi,
det er for længe siden,
vi tog os tid til sjælen
og dens pleje?
Jeg ved, det sker,
ved hjertebanken
frem for åndenød.

Alverdens pleje
og produkter
køber vi uendeligt,
sært forventeligt.
Vi giver hinanden
plejende produkter
i gavepakker –

Det er blot ikke
velanset respekteret,
ved vore sjæles
pleje, pasning
og vedligehold,
hvilket vel er sært,
det koster intet –
Altså andet,
end lige netop det,
vi selv kan give
og gøre af os selv?

Måske fordi,
det intet koster,
sjæle aldrig
sættes i værdi?

Hvad var vi
uden sjæle?
Ingenting
i uendelighed;
end ikke livet
ville være vort.

Sjælenes tabu
så uforståeligt,
for sjæle kræver
netop liv,
mit liv, alt liv,
hvilket jeg ikke
ganske forstår,
konstaterer
blot et vilkår -

## Besynderlighed

Besynderligt
at bede inderligt for synden.
Muligt det ikke dækker
besynderligheden selv;
men alene selvets synder?

Hvem synder?
Gør ingen
kan synden ikke
forlades –

Hvor bliver synden af,
når synden er forladt
fra oven?
Syndernes sum er vel
konstant?

Besynderligt
som synden selv
syner sølle i suset
fra livet
der leves
som var synderne
forladt forinden;

måske syndernes forladelse
forgældet forfalder
før fælden os fanger?

Så synden ene
står tilbage
på livets motorvej
klar til den næste,
der påtager sig skylden
for det ukendte.

# *Livskraft.*

Tindrende septemberlys
læner sig påtrængende
punktvis ind over
et påvirkeligt sind
med stædig
sensommersejhed;

lader livets luftkasteller leve,
lufter flige –

Af fremtidens flyvende tæppe,
gør det muligt at vende
vinterlig vold
til skønhed og styrke.

Nu ved jeg,
der er en Gud
foroven –
- og her!

## *Guds kærlighed.*

Almindelig hjemmeaften, der soves fjernsyn i den ene stue, teenagerumsteren fra første sal, katterumsteren et sted i køkkenet.

Mit skrivebord flyder over med både lidt og meget af det, der for længst burde have været gjort noget eller noget mere ved. Ude i mørket lukker decembernatten sig mere og mere omkring den hvide sne. Ubetvingelig, ubeskrivelig trang til lige nu at gå de få skridt ind i børneværelset –

Jeg må lige blidt kærtegne mit sovende barn. Trangens årsag og forklaring er uinteressant, jeg er overbevist om dobbeltrettetheden og nødvendigheden af kærtegnet netop nu. En usynlig engel førte hånden. Sådan viser Guds kærlighed sig altså også –

Det store i det små, hverdag simpelthen.

# *Gud nærhed.*

Vintermorgen og med søvnen i øjet fumler jeg lidt med låsen til trappetårnet, får lyset tændt og træder ind i historiens vingesus fra de slidte og skæve trin på vej mod ringerloftet. Jeg synes næsten at kunne føle Skt. Mikaels åndedrag i mit ansigt.

Bliver ikke længere forpustet af de mange skæve trin, lytter intenst til vindens ensomme susen derude og trækken fra revnerne i de store egeluger, bag hvilke de vældige hvælvinger hviler –

Fremsiger højt og med ærligt hjerte den Hellige Birgittas enkle tidløse bøn, får tanker og sind i fuldstændig ro og balance. Nu kommer af sig selv den trygge, velkendte kraft, den vældige koncentration og tankernes klarhed.

Her i dette nu oplever jeg min Gud i et nærvær, den ellers så travle hverdag kun sjældent befordrer. Nu den dybe, dybe indånding, det første træk i det første slidte reb. Så kommer lyden fra malmklokken, jeg har vækket til live igen –

En lyd, der breder sig ud over kirken, byen og Verden i vintermorgenen, en stor lyd, der kun kan bæres bort på engles hvide vinger. Dagen er begyndt og sorger, frygt, uro og bekymringer har klokkens dybe klange nu båret bort fra mig og min verden; mit ønske er at klokkeklangen også bærer jeres bekymringer bort og at i det mindste blot en lille del af Helligånden vil nå også jeres hjerter og sind i dag for altid -

*Kærligheden.*
*gave*

## Den fjerde bøn:

*"Herre, vis mig din vej,
og gør mig villig til at vandre den."*

**Birgitta fra Vadstena
– bøn skrevet i Rom i 1349**

### Birgitta.

Spørg andre,
om de beder en bøn
i ny og næ
systematisk
eller aldrig -

Du har så brudt
et stille tabu.
Svarene
vil sjældent
være åbne
næppe ærlige

At bede er at høre
sig selv tale,
at stille sig selv
frem for andre,
vil mange måske mene.

Intet er mere forkert,
når vi beder en bøn,
er hensigten
at komme til at tie stille,
falde til ro og afvente,

vente indtil vi gennem
omverdenens, situationens
støj og forvirring hører Gud;
så ved vi,
Gud har hørt os.

Jeg sætter mig nu
i min gode stol
inde i boghullet.
Samler tankerne,
fokuserer
glemmer og husker.

Med den hellige Birgitta:
"Herre, vis mig dine veje,
og gør mig villig
at vandre dem!"

Mit håb,
min hensigt
min egen vilje.
Helt enkelt,
bønnens magi.

### *Thomas Kingo in memoriam.*

At sorrig og glæde vandrer til hobe,
ved vi godt, det ved vi alle,
en selvfølgelig forudsætning –

Alligevel kniber det
med fokus i hverdagen,
alt sættes ind på glæden,
hvor andet søges skjult,
gemt af vejen –

Thomas Kingos firedimensionale
univers baseret på kristne
universelle værdier,
i dag næsten skåret ned
til todimensional uvirkelighed –

En uvirkelighed baseret på
seviscenesættelse og tid,
hvor tid og evig ungdom
er indtrådt som erstatning
for medmenneskelighed,
for metafysisk indsigt –

Fravær af Gud i dagen, om natten;
ingen indre sammenhæng,
angst for det anderledes,
det ikke rationelle udelukker
det skønne, det smukke,
det kreative, det kloge,
det finurlige!

Tilbage til rødderne
er tilbage til Kingo,
evigt livsbekræftende,
hvis vi tør?

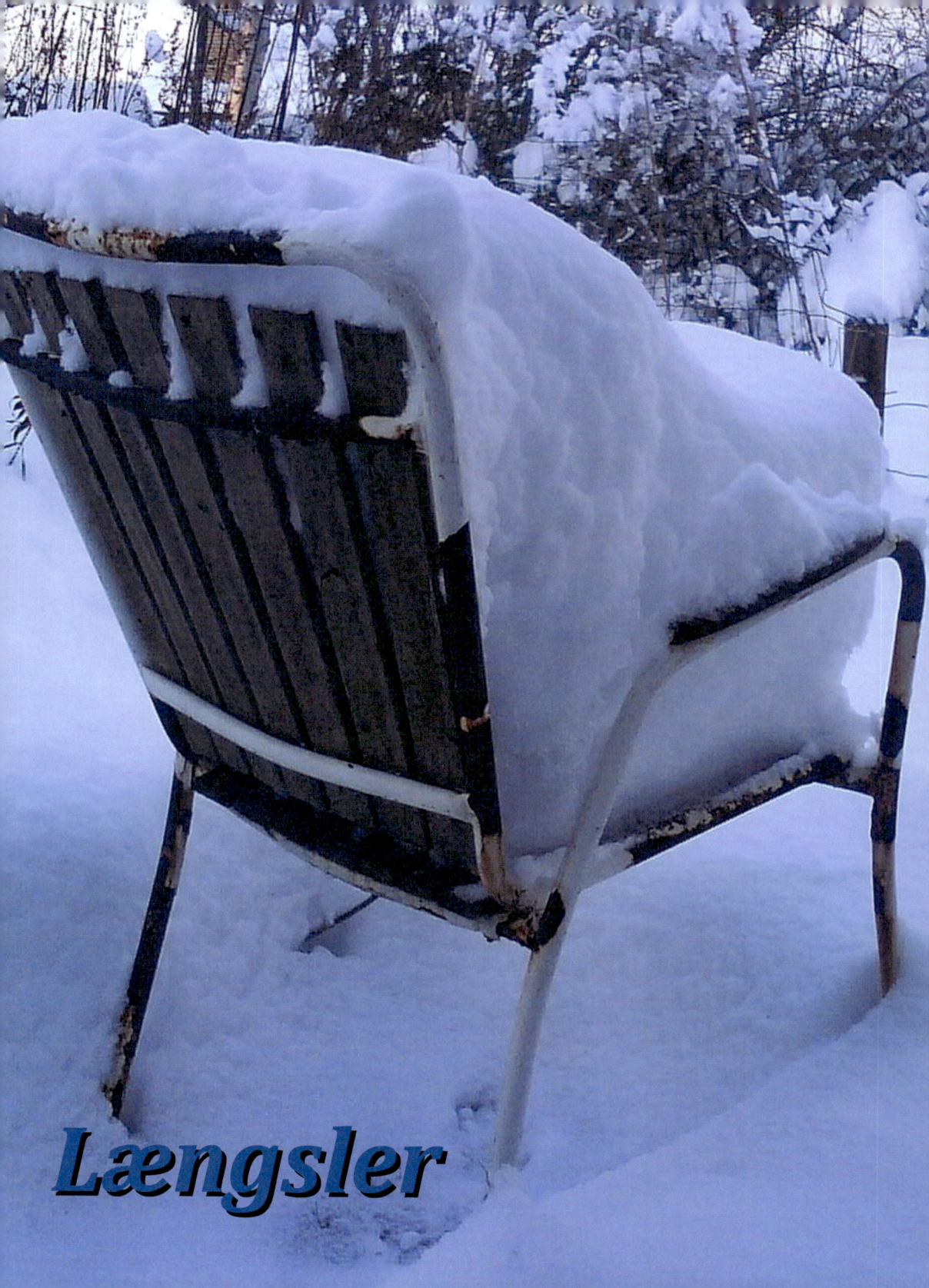

Længsler

Kom; sæt dig!

## *Betroede talenter*

Fjerne er de tider,
da vi mente at vide,
at viden og videnskab
fik Gud til at forsvinde
fra fornuftens univers –
Den gang
vi gjorde
selv Gud overflødig.

Tanken om blinde
og rasende vilde
naturkræfter,
som sammenbinder
af de tusinde enzymer
og andre biologiske
elementer, byggesten
til livet selv?

Ligeså sandsynlig
som et slag terning
med 55.000 seksere
i træk med blot
én eneste terning!

Eller en skypumpe
født af El Niño,
som blæser ind gennem
en skrothandlers bunker
og helt tilfældigt
blæser ud igen
som flyvefærdig
Boeing 747B!

Undren over livet,
og glæden,
når det nyfødte barn
ligger i ens favn –

Gå fra et hospice,
hvor nogen døde –
Da vågner følelsen,
noget mere findes!

Einsteins ord falder for,
om seriøse forskere,
i ydmyghed, forståelse
ganske langsomt
gennem egen forskning
uanset fag, emner,
overbevises
om en kraft i Universet,
love, mangfoldigheder –
En kraft udover,
fornuften, det kendte,
det trygge –

En kraft,
overlegen, overvældende,
som vi med beskeden formåen
forsøger at nærme os
med ydmygt bøjede hoveder!

Ingen har nogensinde
set eller hørt Gud selv;
men hans nærvær
har vi følt –

i en oplevelse
i et møde
i en forskning
i skabende arbejde
i en undren
i øjeblikkets skønhed.

i et beåndet øjeblik
kan vi se glimtet,
aldrig det hele,
af Gudsriget
midt i vor verden
og som omslutter
vor tilværelse
med tryghed.

Grænsefladen
mellem det gode,
det onde
gå tværs gennem
menneskenes indre –

Valgene er vore
ansvaret ervort
i sandhed tillid,
betroede talenter
vi alle har pligt
at forvalte!

## På vej

Altid på vej
vejret, Verden det hele.
Fortæl mig hvorhen
hvorfor og hvorledes,
jeg savner at forstå lidt mere.

Jeg ved Gud viser vejen.
Forstod jeg lidt mere,
kunne jeg måske bedre
vise Gud og Verden respekt
undgå fejltagelser, vildfarelser.

Eller er netop fejl og mangler
det, der burde gøre mig klogere
på Gud, Verden og vejen frem?

Jeg synes ikke, jeg har nået
mine drømmes mål i livet.
Gud ville åbenbart noget andet,
hvilket jeg ikke kunne se.

Jeg blevet klogere på Verden, på livet
ved gode, ved dårlige tider.
Livserfaring kunne jeghave brugt
i tiden inden, den opstod og indtraf.

Baglæns forståelse javel!
Det har andre før mig konstateret.
Hvorfor er jeg ikke kommet videre
ad Verdens uendelige veje?

Gåden blev det ikke mig,
der fik i opdrag at løse.
Jeg ønsker, mine børn
oplever muligheden
derude ad vejen mod fremtiden,
hvor jeg ikke længere kan følge dem.

# Skærsommernatsdrøm

### *Inde i fjeldene.*

Her er helt stille,
kun mine tanker
høres og af og til.
Stille susen i græsset
fra fjeldets milde vind.

Drivende skyer,
dybblå himmel
krystalklar luft,
jeg kan fortsætte
følge føddernes vej
i fjeldenes verden.

Græsset hører op,
mine skridt knaser
i de løse sortgrå sten,
selv åndedrættet
roligt, behageligt frisk
lyder som støj i stilheden.

Den iskolde fjeldsø,
sort at se fra brinken
forsølvede ilinger,
gyldne småskvulp,
bryder vandfladen,
stilhedens univers.

Mod vest ved bjerget
hænger ørnen stadig
majestætisk, dovent
i den klare kølige luft.

Det er juni, det er Norge,
lumske sneklatter
i skyggefelterne.

I dette smukke,
kolde og forrevne
forræderiske
landskabs ensomhed
ved jeg, Gud eksisterer.

Ellers ville så lille
ubetydelig skabning
slet ikke færdes her.

Ydmyghed og fred
fylder min sjæl;
genskaber tryghed,
fornyet mod. Lyst.
Midt i det stille øde
et eneste ord: Tak!

Hvor ville jeg gerne
i dette øjeblik
dele det med dig –

Radio
A-79

Radio
D-44

*Ensomheden*
*trækker sine spor*
*under lysets himmel*

## Den femte tanke:

*"Man fødes ikke til kvinde; man bliver det!"*
*Simone de Beauvoir i 1949*

*"Man fødes ikke til mand; man bliver det!"*
*Stig Colbjørn Nielsen i 1969*

*Under vejrs med mig selv*
*sommerbyger kommer*
*sommerbyger går*

## *Utilstrækkeligheden.*

Fætre, kusiner
og bekendte –
De fleste har
gjort det godt.
       Formuer, pension
       trygge kår –
       Og vel undt er det.
              Jeg har egentlig
              ikke rigtig noget,
              har vel ikke nået
              noget særligt
              i den henseende.
                     Manglerne er nu
                     til at tage
                     og føle på.
                            Med det resterende
                            åremål fra Gud,
                            må jeg slå mig til tåls.
                                   Jeg ville bare
                                   så forfærdeligt gerne
                                   kunne give mine
                                   en gedigen
                                   overlevering.
                                          Presset vokser
                                          alt som umuligheden
                                          står skarpere
                                          dag for dag –
                                          Smertende skarp
                                          efterhånden!
                            Min viden,
                     livserfaring,
              inderligste ønsker
       og håb –
spiller det nogen rolle
nu?
       Tilgiv  mig,
              tilgiv utilgivelighederne,
                     jeg tilgiver!

### *Mulige virkeligheder.*

Som sneen dækker
facader, fadæser,
forfærdelige mangler
i hus, i smedje, i have,
kan jeg uafvidende
komme til med de skønneste
ord og sproglige falbelader
at dække uvidenhedens huller
med spændende fortællinger,
hårdtpumpede sammenhænge
ingen endnu havde tænkt
som mulige virkeligheder.

Når det er rigtig slemt
med sådanne ordmalerier,
nonfigurative, abstrakte
kan de særeste tanker
genopstå, gennemleve
nye uprøvede virkeligheder.

Tænkt således
set i bakspejlet,
bliver livet relativistisk
i menneskeskabte
skæve sammenhænge.

Livet som relation
mellem mennesker,
sammenhængskraften
i livet og Verden.

Virkelighedens relationer
menneskeskabte?
Gudskabte?
Spiller ingen rolle –
Gud er relationernes eksistens
på trods og som forudsætning;
et livets vilkår!

Tanker i øjeblikket

## Ragnarok

Det ultimative svigt,
utilgiveligt.
Ragnarok –

Menneskene glemmer,
de ikke er alene,
noget større
har skabt den hele Verden,
nogen har påtaget sig
alverdens synder.

Når svigtet sætter ind,
nu eller senere,
når menneskene afviser
sig selv og Gud,
gør sig selv til guder,
må Gud svigte
sine skabninger,
sin hele Verden –

Menneskene står alene
overfor Fenrisulven,
når Bifrost er brudt,
vejen til Himlen
definitivt forsvundet,
Verden er ikke længere,
kun det sidste kaos råder –

Hvad gjorde jeg?
Hvad gjorde vi?
Hvad gjorde du?

Hugin og Munin ler,
Asgård falder,
Midgård er borte -

## *Med årenes tyngde.*

Den tid kom så,
hvor forventningerne
altid er golde,
det lyse sind
en saga blot.

Hvorfor og hvordan
uendeligt ligegyldigt
alligevel insisterer
jeg fortsat på
det lyse sind,

om så dommedag
måtte være i morgen,
planter jeg
alligevel i dag
mine træer
i trods og glæde,
i livgivende muld!

*Skarpt formes livet*
*Blødt tænkes sindet*

## Den sjette bøn:

*"Tusind tak kære Gud! Det går så godt lige nu, at du godt må vise mig en vej, så jeg kan dele glæden med flere!"*

## I borgerlighedens tjeneste.

Jeg arbejder stadig;
ikke med mine hænder
og sveden drivende ad ryggen,
ikke for landet og folkets fremgang –
*Jeg slider dagene op*
*i den forudsete rækkefølge*
*tjener erhvervslivets andre drenge.*
Dagene går, tømte, endeløse –
*Jeg smiler gennem telefonen*
*tomt og uden aggressivitet*
*dag efter dag efter dag –*
Til det private initiativ,
der holder mig fast
i sløv ligegyldighed
bag glitrende facade og løncheck -.
*Tænker på menneskene,*
*der tror, de ved,*
*de selv bestemmer.*
Enkelte har lært at se
sammenhænge, perspektiver –
*Lært at lade tanken slås*
*så det ikke bliver os,*
*der ser det værste,*
*som atter andre vil have*
*skal være det sidste.*
De tager stilling,
de forholder sig;
ikke til tvivlen.
*Tror stadig,*
*alt levende er godt,*
*kan forstås og leves,*
*når det plejes*
*med frihed og fred,*
koldkrig er ikke Guds værk;
mennesker leger Gud.
*Måtte Gud blot lade tvivlen*
*blive til tøven hos de alt for*
*skråsikre!*

Øjeblikkets balance

*Stræben*
*Himmel*
*Himmelstræbende*

# Elskovsnat.

Når lyset langsomt lister,
bag vinduet skjult i gardinet,
vi mindes og husker vort synderegister
glæden os gjorde så svedt!

Vi mærker atter heden,
samhørighed genskabt i morgenlys,
moralske forventninger
underneden ægteskab
hverdagens kriblende kryds.

Mand og kone rødme,
skønt kærlighedsnætter
i ægteskab i Biblen
påminder os som pligternes
honning og sødme.
Højsangen sunget påny!

## Uforståeligt spild.

Hvad er det dog i grunden for et uforståeligt spild, når Gud giver os alle uendelige muligheder for at opsamle og udvikle viden, erfaring og dybeste indsigt, når Gud ikke samtidig giver os muligheder for at bruge og videreformidle disse rigdomme i indsigt, erfaring og vide?

Når vi står der ved kisten med de tusinde spørgsmål, som kun det menneske, vi netop har sænket i jorden kunne besvare, får sorgen den ekstra dimension, der påminder os om i tide at tale med hinanden. Stil spørgsmålene, sig noget i tide –

Selv brænder jeg efter at videregive, hvad jeg selv gennem livet har opsamlet. Blot er der ingen der spørger –

Der er ingen, lytter. Tiden rækker ikke, der er vigtigere gøremål overalt end det at høre på mig og de andre. Er vi bare blevet sure gamlinger, når sådanne tanker rumsterer? Bør vi i virkeligheden helst blive glemt for det meste og huskes for det mindste –

Måske endda huskes for noget, vi aldrig fik at vide, vi faktisk vidste?

Jeg kan ikke påstå hverken at forstå eller påskønne kendsgerninger som disse. Tomhed i virkeligheden? spild? – Ved det ikke; men jeg ærgrer mig, og netop derfor er jeg vel så bare den sidste sure gamle mand i Verden?

Skt. Mikael

**Hvor to eller flere er sammen, der er Jeg tilstede!**

## *Når essen brænder.*

Lidt krøllet papir
med opbrugte nyheder –
en hvæsende tændstik,
kul med minearbejderes sved,
så er jeg i gang igen.

Essen brænder roligt,
luftstrømmens
susen i de dybsorte kul
får dem til at gløde og lyse
gult, gyldent og rødt,
vinduer i tusmørkebyer.

Den glødende midte,
dybt nede i gruben,
smeltediglen,
hvor alt kan ske,
suger mig med.

Jernet tager varmen,
som var det en sjæl,
der skulle lutres i Helvede
før mødet med den sidste dommer.
hammerens lutrende slag
i rytmisk atonal harmoni,
som komponeret af Bela Bartok.

Ikke så sært måske,
smede med sådanne tanker
til alle tider er blevet anset
for bærere af skrækblandet ære –

## Den syvende bøn:

*"Kære Jesus! Det kan godt være, jeg ikke rigtig kan finde ud af det der med at bede en bøn; men jeg ønsker altså bare sådan, at du giver mig lidt mod til min hårde dag i morgen. Tak!"*

*Ejer jeg ej gods eller guld, ejer jeg da livet ligefuldt*

### *Livsglæde.*

Livet er smukt,
stadig skiften
det svinder
lige lukt
i glæder,
sorger,
erindringers brus.

Vokser
til sarte minder.
Ungdommens uro,
alderens pondus.
I dejlige følelsers sus.
det er det hele værd
den sande værdi
vi kan tage med os
herfra
dertil.

Bag alle horisonter
findes den vide
Verden

Ordet

## *Indenfor – udenfor.*

I verden er en åbning
som aldrig lukkes
en indgang,
hvor adgang er fri
uhindret og altid åben.

Verden har ingen grænser;
dog er synligt begrænset
med grænser,
kanter, rum, døre, låger
alle overflader er diffundèrbare
og ubrudte højglanspolerede

lufthavet kærtegner det blå
det andet, det hele
smyger sig trygt omkring og indeni
ind i og ud af det hele, o alle
krusninger bryder undertiden
inertien
energien
genfødes føleligt

når vi rør på os
berører vi den bevægelige luft
bevæger det nære, det fjerne
bevæges forskubbes forskydes
forunderligt stille
voldsom effekt et andet sted
måske og muligvis alligevel ikke

hvorfor vil vi indenfor,
når udenfor står grænseløs
i balance med farver former
forventninger –

## Den ottende tanke:

*"Det frie menneske tænker mindst af alt på døden, og hans visdom er en betragtning ikke over døden; men over livet."*

*Baruch de Spinoza i 1673*

Brødet

# Hvad ved jeg?

Jeg ved noget,
det ved jeg,
jeg ved!

Jeg ved godt,
der er meget,
jeg ikke ved!

Jeg ved også,
jeg ved noget,
jeg ikke ved,
jeg ved,
før nogen
fortæller,
jeg ved det!

Noget andet
ved jeg ikke,
jeg ikke ved,
det ved jeg!

Det jeg ved,
jeg ikke ved,
ved jeg godt,
er godt.

Det
jeg ikke ved,
jeg ikke ved,
ved jeg godt
ikke er godt,
det tror jeg,
jeg ved uden
at vide det!

*Glæden*

**Skønheden**

### *Der er så meget.*

Der er så meget,
jeg aldrig får sagt,
der er ligeså så meget,
jeg aldrig burde have sagt

Der er så meget,
jeg ikke ved;
der er så meget
jeg gerne ville vide.

Der er så meget,
jeg burde vide;
der er så meget,
jeg ved en masse om.

Der er så meget,
jeg burde gøre;
der er så meget,
jeg bare gør.

Jeg vil så gerne
tænke kloge tanker;
jeg tænker noget andet,
lige nu alligevel.

Jeg vil så gerne
gøre rigtige ting;
jeg gør bare noget andet,
lige nu alligevel.

Jeg vil så gerne
forstå hvorfor;
jeg tror Gud forstår,
der er så meget -

## Den niende bøn:

*"Der er så meget, jeg så gerne vil. Der er så meget, jeg så gerne vil gøre. Du bliver nok nødt til at hjælpe mig en smule på vej med alle mine valg. Tak!*

## Den tiende bøn:

*"Kære Gud! Vil du godt give mig en ny chance i morgen, så det er værd at stå op og forsøge at gøre en forskel? På forhånd tak!"*

## Den elvte bøn:

*Jesus! Vil du ikke nok huske mig på, at jeg i morgen skal fortælle, hvor meget jeg holder af min kæreste? Tak skal du have!*

## Den tolvte bøn:

*Kære Gud, du må altså lige give mig en hjælpende hånd, så jeg ikke glemmer, hvorfor jeg er døbt i din kirke. Tak skal du have!*

for vinduerne så ...
så fuglene ikke kan flyve ind
og klatte på avisen
i et hjørne er der spindelvæv
her sidder en edderkop og venter på en flue
men damen jager edderkoppen ud af huset
mens herren render efter fluen med avisen
fluen synes meget bange for avisen
gemmer sig under en sofa
og holder længe vejret
herren læser videre
indtil han lægger avisen fra sig
damen kommer med en ekstra fluesmækker
de sætter sig sammen i sofaen
og venter spændt
fluen er faldet i søvn
edderkoppen er på vej over til naboen
så stille og fredeligt kan der være
                                    her i reservatet.